www.ingramcontent.com/pod-product-compliance
Lightning Source LLC
LaVergne TN
LVHW010435070526
838199LV00066B/6035
* 9 7 8 9 3 6 9 0 8 6 5 4 2 *

تفسیر سورۃ الفاتحہ

(تفسیر محمود سے مقتبس)

مفتی محمود

ترجمہ قرآن: احمد علی لاہوری

مرتبہ : اعجاز جبید

© Taemeer Publications LLC

Tafseer Surah Fatiha

by: Mufti Mahmood

Edition: May '2025

Publisher :

Taemeer Publications LLC (Michigan, USA / Hyderabad, India)

ISBN 978-93-6908-654-2

مصنف یاناشر کی پیشگی اجازت کے بغیر اس کتاب کا کوئی بھی حصہ کسی بھی شکل میں بشمول ویب سائٹ پر
اَپ لوڈنگ کے لیے استعمال نہ کیا جائے۔ نیز اس کتاب پر کسی بھی قسم کے تنازع کو نمٹانے کا اختیار
صرف حیدرآباد (تلنگانہ) کی عدلیہ کو ہوگا۔

© تعمیر پبلی کیشنز

کتاب	:	**تفسیر سورہ الفاتحہ**
مصنف	:	**مفتی محمود**
تدوین / ترتیب	:	اعجاز عبید
صنف	:	مذہب
ناشر	:	تعمیر پبلی کیشنز (حیدرآباد، انڈیا)
سالِ اشاعت	:	۲۰۲۵ء
صفحات	:	۶۰
سرورق ڈیزائن	:	تعمیر ویب ڈیزائن

فہرست

سورۃ فاتحہ.. 3

بِسمِ اللہِ الرَّحمٰنِ الرَّحِیمِ.. 9

الرَّحمٰنِ الرَّحِیمِ.. 10

اَلحَمدُ لِلہِ رَبِّ العٰلَمِینَ.. 17

مٰلِکِ یَومِ الدِّینِ.. 29

اِیَّاکَ نَعبُدُ وَاِیَّاکَ نَستَعِینُ.. 35

اِھدِنَا الصِّرَاطَ المُستَقِیمَ.. 39

صِرَاطَ الَّذِینَ اَنعَمتَ عَلَیہِم.. 44

غَیرِ المَغضُوبِ عَلَیہِم وَلَا الضَّآلِّینَ.. 51

1

سورۂ فاتحہ

1. بِسمِ اللّٰہ الرَّحمَنِ الرَّحِیمِ

2. الحَمدُ لِلّٰہ رَبِّ العَالَمِینَ

3. الرَّحمَنِ الرَّحِیمِ

4. مَالِکِ یومِ الدِّینِ

5. إِیَّاکَ نَعبُدُ وَ إِیَّاکَ نَستَعِینُ

6. اہدِنَا الصِّرَاطَ المُستَقِیمَ

7. صِرَاطَ الَّذِینَ أَنعمتَ عَلَیہم غَیرِ المَغضُوبِ عَلَیہم وَ لَا الضَّالِّینَ

ترجمہ

۱۔ شروع اللہ کے نام سے جو بڑا مہربان نہایت رحم والا ہے

۲۔ سب تعریفیں اللہ کے لیے ہیں جو سب جہانوں کا پالنے والا ہے۔

۳۔ بڑا مہربان نہایت رحم والا۔

۴۔ جزا کے دن کا مالک۔

۵۔ ہم تیری ہی عبادت کرتے ہیں اور تجھ ہی سے مدد مانگتے ہیں۔

۶۔ ہمیں سیدھا راستہ دکھا۔

۷۔ ان لوگوں کا راستہ جن پر تو نے انعام کیا نہ جن پر تیرا غضب نازل ہوا اور نہ وہ گمراہ ہوئے۔

افاداتِ محمود

سورۃ الفاتحہ کی بالاتفاق سات آیات ہیں، لیکن اختلاف اس میں ہے کہ بسم اللہ الرحمن الرحیم آیت من الفاتحہ ہے یا نہیں؟

اگر بسم اللہ الرحمن الرحیم آیت من الفاتحہ ہے تو پھر بسم اللہ الخ پہلی آیت ہے دوسری آیت الحمد للہ الخ، تیسری آیت الرحمن الرحیم، چوتھی ملک یوم الدین، پانچویں ایاک نعبد الخ، چھٹی اھدنا الصراط المستقیم، ساتویں صراط الذین الخ ہے۔

اور اگر بسم اللہ الرحمن الرحیم سورۃ الفاتحہ کی آیت نہیں ہے تو پھر یہ آیت شمار نہ ہوگی اور اھدنا الصراط المستقیم تک پانچ آیات ہوگئیں اور صراط الذین انعمت علیھم چھٹی ہوگی، اور الخ ساتیوں آیت شمار ہوگی۔ بہر حال تعداد آیات علی اختلاف القولین ایک ہی ہے۔

سورالفاتحہ کے 27 کلمات اور 140 حروف ہیں۔

سورۃ الفاتحہ کا نزول مکہ میں ہوا یا مدینہ میں؟

علماء نے اس میں اختلاف کیا ہے کہ سورۃ الفاتحہ کا نزول مکہ میں ہوا یا مدینہ میں بالفاظ دیگر یہ سورت مکیہ ہے یا مدنیہ ہے؟ جمہور اہل علم کا قول یہ ہے کہ یہ مکہ میں نازل ہوئی، لہذا یہ مکیہ ہے، لیکن بعض علماء سے منقول ہے کہ یہ مدینہ میں نازل ہوئی۔ یہ قول مجاہد سے منقول ہے۔

بعض علماء کے نزدیک یہ دو دفعہ نازل ہوئی۔ ایک دفعہ مکہ میں اور ایک دفعہ مدینہ میں اور دو دفعہ نازل کرنے میں شاید یہ حکمت ہو کہ تنبیہ کرنا مقصود ہو علی شرفها وفضلها و اهميتها بخلاف سائر القرآن فهى نزلت مرتين۔ یعنی اس کے شرف و فضل اور جملہ قرآن میں دوسری سورتوں پر اس کی فضیلت کی طرف متوجہ کرنا مقصود ہو، پس یہ سورۃ دو دفعہ نازل کی گئی۔

اسماء سورۃ الفاتحہ

اس سورت کے بہت سے نام ہیں:

1۔ فاتحۃ الکتاب

نماز میں بھی افتتاح قرات اسی سے ہوتا ہے اور قرآن مجید کا افتتاح بھی اسی سے ہے۔ یہ بھی درست ہے کہ لوح محفوظ میں بھی پہلے سورۃ الفاتحہ ہے، احادیث میں بھی اسی نام سے اس سورت کا ذکر کیا گیا ہے۔ چنانچہ رسول اکرم نے فرمایا:

لا صلوۃ لمن لم یقراء بفاتحۃ الکتاب۔ (مسلم)

اس شخص کی نماز (کامل) نہیں جو سورۃ فاتحہ کو نہ پڑھے۔

2: الحمد

اس لیے کہ اس سورۃ کی ابتداء الحمد للہ سے ہوئی ہے۔ بسا اوقات سورۃ کا نام پہلے لفظ سے رکھا جاتا ہے جیسے سورۃ البرات کا نام کہ براء من اللہ ورسولہ سے شروع ہوئی۔ الحمد کا ذکر حدیث میں بھی آیا ہے۔
لا صلوۃ لمن لم یقراء بالحمد و سورۃ۔

اس شخص کی نماز نہیں جو کہ الحمد اور سورت نہ پڑھے۔

3: ام القرآن

سورۃ الفاتحہ کو ام القرآن اس لئے کہتے ہیں کہ الام، الاصل کہا جاتا ہے۔

یہ اصل القرآن ہے کہ قرآن کی ابتداء یہیں سے ہوتی ہے اس لیے اس کو ام القرآن کہتے ہیں اور حدیث میں بھی ہے۔

لا صلوۃ لمن لم یقراء بام القرآن

(مسلم اس شخص کی نماز نہیں جو ام القرآن (فاتحہ) نہ پڑھے۔)

بِسمِ اللّٰہِ الرَّحمٰنِ الرَّحِیم

بسم اللہ میں الباء للاستعانۃ او للتیمن او للتبرع اللہ علم لذات واجب الوجود المستجمع لجمیع صفات الکمال المنزہ عن جمیع صفات النقصان۔

اللہ نام ہے اس ذات کا جو واجب الوجود ہے، تمام صفات کمالیہ اس کی ذات میں جمع ہیں اور تمام عیوب و نقصانات سے پاک ہے، جیسے اندھا ہونا عاجز ہونا گونگا ہونا وغیرہ وغیرہ۔ یعنی کمال سمع، کمال بصر و کمال علم وغیرہ ذالک۔ اور ناقص نہیں ہے یعنی الاصم الاعمی العاجز وغیرہ۔

الرَّحۡمٰنِ الرَّحِيمِ

دو صفات الٰہیہ ہیں اور فعیل فعلان کے وزن پر ہیں اور مبالغہ کے لیے ہیں لیکن رحمن میں مبالغہ اشد ہے رحیم کی بہ نسبت۔

الرحمۃ: رقۃ القلب المقتضی للتفضل والاحسان۔

دل کا نرم ہونا جو فضل اوراحسان کرنے کا تقاضا کرے۔

صفت الرحمن کو الرحیم پر کیوں مقدم کیا گیا؟

وجہ اول :

رحمن اقرب الی اللہ ہے اس لیے کہ یہ سوائے اللہ تعالیٰ کے کسی اور کے لیے نہیں بولا جاتا۔

وجہ دوم :

رحمن فی الدنیا ورحیم فی الاخرۃ ہے تو دنیا میں رحمت کے آثار قریب ہیں اس لیے الرحمن کو مقدم کیا۔

مبالغہ دو قسم پر ہے۔۔۔

(1) مبالغہ فی الکم (2) مبالغہ فی الکیف

مبالغہ فی الکم ای فی التعداد لہذا رحمن یعنی زیادہ لوگوں پر رحم کرنا یا مبالغہ فی الکیف ہے لہذا رحمن یعنی کیفیت میں بڑے بڑے انعامات دینا اور رحیم یعنی کمیت میں زیادہ انعام دینا۔

لہذا الرحمن فی الدنیا و رحیم فی الاخرۃ۔

لہذا دنیا پر اللہ کا رحم اور اللہ تعالیٰ کی عطایا اس کی صفت رحمن کا تقاضا ہے اور آخرت میں اس کا رحم اور عطایا اس کی صفت رحیم کا اقتضاء ہے۔

تسمیہ فاتحہ کا جزو ہے یا نہیں؟

قراء مدینہ، قراء بصرہ، قراء کوفہ، فقہائے مدینہ اور فقہائے کوفہ کا مذہب یہ ہے کہ تسمیہ جزء من السورۃ نہیں ہے اور یہی مذہب ہے امام مالک اور امام ابو حنیفہ کا، لیکن امام مالک کا قول ہے کہ یہ تسمیہ قرآن میں سے ہی نہیں ہے۔ بعض لوگوں نے امام ابو

حنیفہ کی طرف بھی اس قول کی نسبت کی ہے لیکن یہ نسبت صحیح نہیں ہے۔ امام ابو حنیفہ کا مذہب واضح ہے کہ تسمیہ آیت من القرآن ہے اور یہ نازل کی گئی ہے للفصل بین السورتین و نزل با التکریر۔

بسم اللہ مکرر نازل ہوئی ہے اور سورتوں کے درمیان فصل کیلیے اتاری گئی ہے۔ امام ابو حنیفہ کی دلیل ابو عبداللہ الحاکم کی روایت ہے اور اس کے بعد کہا ہے۔

صحیح علی شرط الشیخین۔ عن ابن عباس قال کان رسول اللہ لا یعرف الفصل بین السوتین حتی ینزل علیہ بسم اللہ الرحمن الرحیم (الحدیث)

حضرت ابن عباس سے منقول ہے کہ حضور صلی اللہ علیہ وآلہ وسلم دو سورتوں کے درمیان جدائی نہیں کرپاتے تھے، یہاں تک کہ ان پر بسم اللہ نازل ہوگئی۔ امام حاکم نے اس روایت کو نقل کرکے فرمایا کہ یہ روایت شیخین کی شرط پر ہے۔

یاد رہے کہ بسم اللہ الرحمن الرحیم جو سورۃ نمل میں ہے اس میں کسی کا اختلاف نہیں ہے جو حضرت سلیمان کا خط ہے انہ من سلیمن وانہ بسم اللہ الرحمن الرحیم۔ ان لا تعلوا علی واتونی مسلمین۔ اختلاف صرف اوائل سورۃ کی تسمیہ کے بارے میں ہے۔

پیغمبروں کے خطوط طویل نہیں ہوتے تھے:

جیسا کہ حضرت سلیمانؑ کا خط ہے، اسی طرح حضور اکرم بھی مختصر خط تحریر فرمایا کرتے تھے، جیسے ہرقل وغیرہ کے نام تھا، لیکن مرزا قادیانی ملعون نے ملکہ وکٹوریہ کو خط لکھا تو وہ بشکل کتاب تھا۔ یہ اس کے کاذب ہونے کی دلیل ہے۔

سورتوں کے شروع میں تسمیہ کا منکر کافر نہیں:

سورتوں کے شروع میں جو تسمیہ ہے اس میں مجتہدین کا اختلاف ہے اور ہر ایک مجتہد حق پر ہے۔

جزء تسمیہ من الفاتحہ میں تفصیل مذاہب:

جیسا کہ پہلے ذکر کیا گیا ہے کہ قراء مدینہ و بصرہ و کوفہ وغیرہ اور امام مالک و امام ابو حنیفہ کا مذہب یہ ہے کہ یہ فاتحہ کا جزء نہیں ہے اور جیسا کہ پہلے ذکر کیا گیا کہ امام مالک کے نزدیک یہ قرآن ہی میں سے نہیں ہے۔ امام ابو حنیفہ کے نزدیک یہ آیت ہے اور بار بار نازل ہوئی ہے۔ دو سورتوں کے درمیان فصل کرنے کے لیے یہ نازل ہوئی۔ یہ جزء من فاتحہ یا کسی اور سورت کا بھی جزء نہیں ہے۔ یہ اختلاف اس تسمیہ کے بارے میں ہے جو اوائل سورۃ میں موجود ہے۔ امام شافعی اور امام احمد بن حنبل کے نزدیک بھی جو تسمیہ اوائل سورۃ میں ہے وہ ہر سورت کا جزء ہے۔

سورۃ البراء میں بسم اللہ کیوں نہیں لکھی گئی؟

اس کی وجہ بہت سے صحابہ سے منقول ہے کہ سورۃ انفال اور سورۃ التوبہ کے مضامین ایک طرح کے ہیں اور حضور اکرم نے وضاحت کے ساتھ دونوں سورتوں کے درمیان بسم اللہ لکھنے کا حکم نہیں دیا تھا، یہاں تک کہ آپ وفات پا گئے، لہذا اس میں شبہ ہوگیا کہ یہ دونوں ایک ہیں یا الگ الگ سورتیں ہیں، لہذا ان کے درمیان تسمیہ نہیں لکھا گیا اور فاصلہ کے لیے ایک لکیر ڈال دی گئی کیونکہ یہ امر مشتبہ تھا۔

امام ابو حنیفہ و امام مالک کی دلیل:

دلیل اول:

امام بخاری و امام مسلم نے حضرت انس سے روایت کی ہے:

قال صليت خلف رسول الله وخلف ابی بکر و خلف عمر فلم يجهر احد منهم بسم الله الرحمن الرحيم۔

انہوں نے کہا کہ میں نے حضور ﷺ حضرت ابو بکر، اور حضرت عمر کے پیچھے نماز پڑھی تو ان میں سے کسی نے بھی بسم اللہ بلند آواز سے نہیں پڑھی۔

اس سے یہ استدلال ہوتا ہے اگر یہ جزء من الفاتحہ ہوتا تو اس کا حکم بھی فاتحہ کی طرح ہوتا، لیکن یہ بات عجیب ہے کہ فاتحہ جہراً پڑھی، لیکن تسمیہ نہ پڑھی۔

دلیل ثانی :

گزشتہ صفحات میں ایک روایت ذکر کی گئی جو حضرت ابو ہریرہ سے روایت ہے اس میں فاتحہ کے بندہ اور خدا کے درمیان تقسیم کا ذکر تھا، وہاں بھی تسمیہ کا ذکر نہ تھا، اگر تسمیہ فاتحہ کا جزو ہوتا تو اس کا بھی ذکر کیا جاتا کہ اس کی تقسیم کس طرح ہے۔

دلیل ثالث :

امام احمد بن حنبل نے اپنی مسند میں روایت کیا ہے کہ :

عن عبداللہ بن مغفل قال سمعنی ابی وانا فی الصلوۃ اقراء بسم اللہ الرحمن الرحیم الحمد للہ رب العالمین۔ یعنی بسم اللہ کو جہراً پڑھا (فقال ابی یا بنی ایاک والحدیث۔ حضرت عبداللہ بن مغفل سے منقول ہے کہ میرے والد نے مجھ کو سنا کہ میں نماز میں الحمد للہ پڑھنے سے قبل بسم اللہ کو اونچی آواز سے پڑھتا ہوں تو انہوں نے مجھ سے کہا کہ اے بیٹے اس نئی بدعت سے اپنے آپ کو بچائے رکھ (یعنی آئندہ اونچی آواز سے بسم اللہ نہ پڑھنا)

لہذا اگر یہ جزء من الفاتحہ ہوتی تو وہ اس کو بدعت نہ کہتے۔ اس روایت کو ترمذی نے جامع میں بھی منقول کیا ہے اور اس کے آخر میں عبداللہ بن مغفل کا اپنے باپ کے بارے میں یہ قول نقل فرمایا :

ولم ار رجلا ابغض اليه الحديث منه

میں نے اپنے والد جیسا بدعت سے زیادہ نفرت کرنے والا کوئی نہیں دیکھا۔

یاد رہے کہ قائلین عدم الجزء میں ایک صحابہ کی جماعت ہے جس میں خلفائے راشدین (ابو بکر و عمر و عثمان و علی) عبداللہ بن مسعود اور عمار بن یاسرؓ وغیرہ صحابہ کرام شامل ہیں۔

اَلۡحَمۡدُ لِلّٰهِ رَبِّ الۡعٰلَمِيۡنَ

مفسرین نے یہاں لکھا ہے کہ اَلۡحَمۡدُ لِلّٰهِ رَبِّ الۡعٰلَمِيۡنَ یہ کلام اللہ ہے، لیکن یہ جاری ہے بندوں کی زبانوں پر، لہذا یہاں قولوا مقدر ہے یعنی تم کہو اَلۡحَمۡدُ لِلّٰهِ رَبِّ الۡعٰلَمِيۡنَ۔

ایسی آیات جو اللہ کا مقولہ بن سکتی ہیں ان کو مقولہ عباد بنانا ضروری نہیں ہے، کبھی اللہ تعالیٰ اپنی حمد خود بھی کرتے ہیں۔

مفسرین نے ان آیات کو بھی مقولہ عباد قرار دیا ہے اس لیے کہ اس کے بعد کی آیات یقیناً متعلق بالعباد ہیں تو پہلی آیات بھی متعلق بالعباد ہیں۔

حمد:

حمد کا معنی ہے زبان کے ساتھ کسی کے ایسے وصف جمیل پر تعریف کرنا جو اس کے اختیار میں ہو (لیکن اگر وہ وصف جمیل اختیار نہیں ہے تو اس پر حمد بھی نہیں ہے) اور تعریف تعظیم کے طریقہ پر ہے بطور طنز نہیں۔ لہذا یہاں مدح نہیں کہا کیونکہ مدح اللہ کی نہیں ہوتی بوجہ تمام اوصاف کمال اختیاریہ کے۔

یاد رہے کہ اللہ کی صفات میں فلسفہ سے جرح کرنا صحیح نہیں ہے فلسفہ کا اسلام سے تعلق اس قسم کا نہیں ہے جیسا کہ سمجھ لیا گیا ہے۔ عام لوگ اس وجہ سے متاثر ہو گئے کہ فلسفہ کو عربی میں منتقل کر دیا گیا ہے۔ فلسفہ عربی میں ہونے کی وجہ سے لوگوں نے یہ سمجھا کہ یہ بھی اسلام کا جزو ہے۔ چنانچہ انہوں نے تقابل شروع کر دیا اور حرکت فلک، گردش کواکب اور ستاروں کا آسمان میں مرکوز ہونا ایسی بحثیں شروع کر دیں اور خرق و التیام میں الجھ گئے۔ اور پھر جب سائنسدان چاند پر چلے گئے تو کہنے لگے اسلام پر ضرب لگ گئی اور پھر وہاں سے پتھر اور دیگر اشیاء لے کر آئے تو اور زیادہ فکر مند ہو گئے اور جب مریخ پر گئے تو حیران ہوئے کہ وہ کیا تعلق تھا۔ ان کے غلط ہونے سے جملہ مشینوں کے ساتھ کیسے نکل گئے حتیٰ کہ تنگ آ کر کہا کہ اسلام پر ضرب لگ گئی۔ حقیقت یہ ہے کہ فلسفیانہ مسائل کا قرآن سے اسلام پر ضرب نہیں لگی، بلکہ بطلیموس کی غلاظتیں ختم ہو گئیں۔

چاند پر جانے سے معراج بھی تسلیم ہو گئی:

اب ہمارا عقیدہ ہے کہ جو حضور نبی اکرم معراج پر تشریف لے گئے تھے اس کے منکرین چودہ سو سال سے موجود تھے، لیکن آج سائنس کے اس کارنامے کی وجہ سے ہم جیت گئے، ہم نے کہا تھا کہ عیسیٰ آسمانوں پر زندہ لیکن آج تک ایک طبقہ انکار کر رہا تھا، وہ بھی آج شرمندہ ہیں۔

چاند پر جانے سے اسلام پر نہیں یونانی حکمت پر ضرب لگی ہے :

آج ہم جیت گئے ، اسلام جیت گیا ، ہمیں خوشی ہونی چاہیے تھی نہ کہ الٹا یہ کہیں کہ اسلام پر ضرب لگ گئی ۔ یہاں شکست اسلام کی نہیں ، اس یونانی حکمت کی ہے جس یونانی حکمت کو ایک طبقہ اسلام سمجھ بیٹھا تھا ، حالانکہ اس کا اسلام سے کوئی تعلق ہی نہیں تھا ۔

رب العالمین:

جیسا کہ پہلے ذکر کیا گیا کہ اللہ اسم ذات ہے ۔ اب یہاں سے اس کے اوصاف اربعہ کا ذکر کیا جا رہا ہے ۔

(1) رب العالمین (2) الرحمن (3) الرحیم (4) مالک یوم الدین ۔

تحقیق لفظ رب :

لفظ رب اگر مطلقاً ذکر کیا جائے تو اس کا اطلاق اللہ تعالیٰ پر ہوتا ہے ، لیکن اگر اسے کسی اور اسم کی طرف مضاف کر دیا جائے تو اس کا اطلاق غیر اللہ پر بھی ہوتا ہے ۔ کما قال رب الدار (گھر کا مالک) جیسا باپ مضارب میں رب المال کہا جاتا ہے ۔ چنانچہ سورۃ یوسف میں فرمایا :

فلما جاءہ الرسول قال ارجع الی ربک الخ۔

ترجمہ : پھر جب آیا اس کے پاس شاہی فرستادہ تو یوسف نے اس سے کہا کہ لوٹ جا اپنے مالک کے پاس۔ (سورۃ یوسف۔ 50)

تحقیق لفظ عالم :

العالم ما سوی اللہ من الموجودات چونکہ علم ہے علی وجود الصانع کہ مصنوع کے وجود سے صانع پر دلالت ہوتی ہے ای علم علی صانعہ و خالقہ۔

عالم ایسا لفظ ہے کہ جمیع ما سوی اللہ پر اطلاق ہوتا ہے، اس کا ایک اطلاق خاص ہے اور ایک عام ہے۔ عام سے مراد یہ ہے کہ موجودات کی ایک نوع پر بھی اس کا اطلاق ہوتا ہے، عالم الجن، عالم الانس، عالم الملائکہ، عالم الحیوان، عالم جواھر، عالم النباتات، عالم ارواح، عالم جمادات،۔

العالمین جمع کا صیغہ کیوں لائے :

یہاں عالم سے مراد اصناف عالم ہیں، لہذا عالمین جمع کا صیغہ لائے۔

یا، نون اور واؤ، نون کی جمع میں معنوی فرق :

جمع بالواو والنون یہ مختص ہے بالعقلاء لہذا غیر عقلاء کی جمع واؤاور نون کے ساتھ نہیں آتی اور جمع بالیاء والنون، یہ غیر عقلاء کے لیے ہے۔ اب دیکھیے عالم کی اکثریت غیر عقلاء کی تھی کہ صرف تین ذوی العقول ہیں یعنی عالم الملائکہ و عالم الانس و عالم الجن لہذا یہاں یاء اور نون کی جمع لائے ہیں۔

تحقیق ربوبیت :

ربوبیت کی دو قسمیں ہیں۔ (1) ربوبیت عامہ (2) ربوبیت خاصہ

ربوبیت خاصہ :

اولاد کے لیے والدین کی ربوبیت، والدہ کی تربیت کا تعلق ذاتی و جسمانی ہے اور باپ کی تربیت کا تعلق روحانیت سے ہوتا ہے، لیکن یہ مختص بالاولاد، یا باغبان کی روبیت درختوں اور پودوں کے لیے مختص ہے یا چرواہے کی ربوبیت جو صرف جانوروں کے لیے مختص ہے۔

ربوبیت عامہ :

ربوبیت عامہ وہ ہے جس کا تعلق عامۃ الموجودات کے ساتھ ہو اور دائمی ہو۔ چنانچہ اللہ تعالیٰ کی ربوبیت عامہ ہے اور علی الدوام یعنی مستقل ہے۔

کیا شمس و قمر کی ربوبیت عام نہیں ؟

یہ بات صحیح ہے کہ شمس و قمر کی ربوبیت عامہ ہے، کیونکہ شمس اپنی حرارت سے سارے عالم کی تربیت کر رہا ہے۔ اگر شمس کی حرارت اور پیوست نہ مل سکتی تو انسان، نباتات، اور جمادات نشو ونما نہ پاسکتے، قمر بھی تربیت کر رہا ہے، اگر اس میں برودت اور رطوبت نہ ہوتی تو بھی اس عالم کی نشو ونما ممکن نہ تھی۔ لہذا بظاہر آفتاب و ماہتاب کی ربوبیت عامہ ہے، لیکن نظر عمیق سے اور فکر و تحقیق سے دیکھا جائے تو یہ ربوبیت عامہ نہیں بلکہ خاصہ ہے۔ کیونکہ تربیت عامہ میں شرط ہے کہ وہ علی الدوام ہو جبکہ کواکب و شمس و قمر جب غروب ہوجاتے ہیں تو ان کی ربوبیت ختم ہوجاتی ہے۔

یہی وجہ ہے کہ جب حضرت ابراہیم نے قوم پر حجت قائم کرنا چاہی تو فرمایا:

فلما را القمر بازغا قال هذا ربی فلما افل قال لئن لم یهدنی ربی لاکونن من القوم الضالین۔

ترجمہ: پھر جب اس نے دیکھا چاند چمکتا ہوا تو کہا یہی میرا رب ہے، پھر جب وہ غائب ہوگیا تو بولا کہ اگر نہ ہدایت کی ہوتی مجھے میرے رب نے تو میں ہوگیا تھا گمراہ لوگوں میں سے۔ (الانعام: 77)

اسی طرح:

فلما را الشمس بازغة قال هذا ربی هذا اکبر، فلما افلت قال یقوم انی بریئ مما تشرکون۔

ترجمہ : پھر جب اس نے دیکھا سورج چمکتا ہوا تو بولا یہی میرا رب ہے۔ یہ تو سب سے بڑا ہے پھر جب وہ بھی غروب ہو گیا تو بولا کہ اے میری قوم میں تو بیزار ہوں ان سے جنہیں تم اللہ کے شریک ٹھہراتے ہو۔ (الانعام : 78)

لیکن جب وہ غروب ہوا تو پھر انکار کر دیا، ان سب چیزوں کو مسترد کرنے کی وجہ یہی غروب اور ربوبیت بغیر الدوام ہے۔

ربوبیت سبب ہے معبودیت کا :

جب اللہ ہی رب ہے تو ربوبیت ہی سبب معبودیت ہے، اس لیے اب اللہ کی عبادت کا ذکر فرمایا کہ وہ عبادت کے لائق ہے۔

تحقیق عبادت :

عبادت کے معنی ہیں نہایت تعظیم کرنا، انتہائی تعظیم اسی کی ہونی چاہیے جس کے احسان بھی ہم پر انتہائی ہوں اور وہ اللہ ہی ہے۔ یوں تو ہر محسن کی تعظیم ہوتی ہے، لیکن اگر محسن کا درجہ کم ہے تو تعظیم بھی کم ہوگی اور تعظیم کی کمی عبادت نہیں ہے۔

افضل عبادت سجدہ ہے :

انسان کے بدن میں اشرف الاعضا پیشانی ہے اور زمین سے زیادہ انتہائی پستی کسی میں نہیں ہے۔ عبادت میں اس پیشانی کو زمین پر رکھ دیتے ہیں۔ اپنے آپ کو محسن کے

سامنے ذلت کی انتہا تک پہنچا دینا یہی انتہائی تعظیم اور عبادت ہے۔ غیر اللہ کے سامنے سجدہ کرنا حرام ہے، کیونکہ انتہائی عبادت انتہائی محسن کے لیے ہے اور کسی کے لیے نہیں۔

اگر غیر اللہ کو سجدہ کرنا حرام تھا تو آدم کو کیوں سجدہ کرایا گیا:

قیام مطلقاً عبادت نہیں اس میں نیت ضروری ہے، البتہ سجدہ مطلقاً عبادت ہے، اس میں نیت کرنا ضروری نہیں ہے، باقی آدم کو جو سجدہ کرایا گیا تو وہ بحیثیت کعبہ تھا ورنہ اصل سجدہ خدا تعالیٰ کو تھا۔

ابراہیم نے شمس و قمر کو ھذا ربی کیوں کہا :

بعض لوگ تاویل کرتے ہیں کہ ابراہیم نے ھذا ربی جو کہا تھا وہ بمعنی اھذا ربی تھا، یعنی کیا یہ رب ہے ؟ لیکن تاویل نہ کریں تو اچھا ہے، بلکہ یہ کہیں کہ یہ بھی ایک طریقہ تعلیم ہے جس کو اللہ نے مندرجہ آیات میں بیان فرمایا :

ادع الی سبیل ربک بالحکمۃ و الموعظۃ الحسنۃ

دعوت دیجیے لوگوں کو اپنے رب کے راستہ (اسلام) کی طرف دانائی اور اچھی نصیحت کے ساتھ (النحل : 125)

اس آیت میں دعوت کا طریقہ بیان فرمایا ہے ۔ وہ طریقہ یہ تھا کہ جب دیکھا کہ تمام قوم یہاں موجود ہے تو آئندہ کے لیے دلیل بنا کر تعلیم دیتے ہیں، آپ نے چاند کو دیکھ کر فرمایا ھذا ربی ، لیکن جب وہ چاند غروب ہو گیا تو لوگوں نے سمجھ لیا کہ نور دائمی نہیں ہے ، پھر سورج کو دیکھ کر کہا کہ ھذا ربی ۔ پھر وہ بھی غائب ہو گیا تو لوگوں کی عقل میں بھی بات بیٹھ گئی کہ ان کا یہ کمال دائمی نہیں ہے ۔ اب موقع تھا کہ قوم کے ذہن کو بدل دیا جائے لہذا فرمایا :

انی وجهت وجهی للذی فطر السموات والارض حنیفا وما انا من المشرکین۔

ترجمہ : میں نے متوجہ کیا اپنا رخ اس ذات کی طرف جس نے پیدا کیا آسمانوں اور زمین کو سب سے منہ موڑ کر اور میں مشرکوں میں سے نہیں ہوں۔ (الانعام : 79)
یہ تعلیم دینے کا ایک طریقہ تھا اور باقی لفظ هذا ربی جو کہا ہے وہ صرف تعلیم دینے کے لیے کہا تھا، یہاں ہمزہ استفہامیہ داخل کرنے کی ضرورت نہیں ہے۔

موسیٰ نے ربوبیت کا ذکر کس طرح کیا؟

موسیٰ جب فرعون کے پاس گئے تو فرعون نے پوچھا :
قال فرعون وما رب العالمین۔

فرعون بولا اور وہ رب العالمین کیا ہے ؟
تو موسیٰ نے فرمایا :
قال رب السموات والارض وما بینھما۔

فرمایا پروردگار آسمانوں اور زمین کا اور جو کچھ ان میں ہے۔ (شعراء : 24)
لیکن فرعون اس جواب سے خوش نہ ہوا اور کہا :
قال ان رسولکم الذی ارسل الیکم لمجنون۔

فرعون بولا بیشک تمہارا رسول جو بھیجا گیا ہے تمہاری طرف وہ تو دیوانہ ہے۔ (شعراء : 27)

یہاں فرعون نے پوچھا تھا وما رب العالمین اور ماھو سے ذاتیات کے بارے میں سوال کیا جاتا ہے یہاں سوال عن حقیقت الشی ہے، لیکن جواب میں اللہ کے اوصاف ذکر کیے گئے کیونکہ اللہ کی حقیقت معلوم نہیں لایحد ولا یتصور (نہ اس کی حد ہے نہ وہ تصور میں آسکتا ہے) پھر دوبارہ پوچھا تو فرمایا:

قال ربکم ورب ابائکم الاولین۔

فرمایا پروردگار تمہارا اور تمہارے باپ دادوں کا۔ (شعراء : 26)

پھر سہ بارہ پوچھا تو فرمایا:

قال رب المشرق و المغرب وما بینهما۔

فرمایا پروردگار مشرق اور مغرب کا اور جو کچھ ان کے درمیان میں ہے۔ (شعراء : 28)

ربوبیت زمانی ومکانی ووضعی:

ایک ربوبیت فی کل مکان ہے، لہذا اس کا ذکر فرمایا:

قال رب السموات والارض وما بینهما۔

کہ ہر مکان کا رب ہے اور دوسری آیت میں ربوبیت فی کل زمان کا ذکر فرمایا:

ربکم ورب ابائکم الاولین۔

اور ربوبیت وضعی کے عموم کا ذکر فرمایا

رب المشرق و المغرب وما بینهما۔

یہاں زمان و مکان و وضع کی تفہیم مقصود تھی تو یہاں تین تعمیمات سے جواب دیا اور ثابت کر دیا کہ ربوبیت الٰہی عامہ ہے اور اس کے مقابل میں فرعون کی ربوبیت خاصہ فی المکان ہے کہ اس کی ربوبیت صرف افراد مملکت کے لیے ہے اور ربوبیت زمانی و وضعی میں بھی عموم نہیں ہے، اس طرح یہ ثابت کر دیا کہ فرعون کا کہنا غلط ہے۔

صرف اللہ ہی رب العالمین ہے۔

مٰلِكِ يَوۡمِ الدِّيۡنِ

اللہ تعالیٰ کی ملکیت کا اختصاص صرف یوم الدین کے ساتھ کیوں ؟

یہاں یوم الدین کا اختصاص اس لئے ذکر کیا کہ یوم الدین کی ملکیت صرف اللہ ہی کے لیے مختص ہے ، اگرچہ دنیا میں بظاہر بہت سے لوگ ملکیت کا دعوے کرتے ہیں کہ ملک فلاں ملک فلاں ، یہ صرف یہاں کے مالک ہیں ، آخرت کے نہیں ۔

غیر اللہ کو شہنشاہ کہنا کیسا ہے ؟ :

حدیث شریف میں آتا ہے کہ کسی کو ملک الاملاک یعنی بادشاہوں کا بادشاہ نہ کہو اور لفظ شہنشاہ یعنی شاہ شاہاں کہنا بھی اسی حکم میں شامل ہے ، لہذا یہ صراحتاً ممنوع ہے ، بلکہ یہ لفظ صرف اللہ کے لیے مختص ہے ، چنانچہ فرمایا :

لمن الملک الیوم، للہ الواحد القھار۔

کس کی حکومت ہے آج ؟ اللہ ہی کی جو ایک ہے بڑا غالب ۔ (مومن : 16)

مٰلِکِ :

اسی لفظ کو امام قرات حفص مالک بالف پڑھتے ہیں اور امام عاصم کوفی لملک میم کے اوپر کھڑی زبر پڑھتے ہیں۔

مِلک اور مَلِک میں کیا فرق ہے؟

مالک اسم فاعل کا صیغہ ہے یہ عام طور پر ملک سے استعمال ہوتا ہے اور ملک صفت ہے اس کا مصدر ملک ہے یعنی بادشاہی۔ آخرت میں ملک بھی اور مالک بھی اللہ ہے، لہذا دونوں صحیح ہے۔ خدا مالک بھی ہے اور اس کی ربوبیت بھی عامہ ہے، زمان و مکان اور وضع میں تو عبادت کے لائق بھی وہی ہے۔

اقسام عبادت :

عبادت دو قسم کی ہے جلالی و جمالی۔

عبادت جمالی :

اگر عبادت بوجہ محبت ہو یعنی سبب عبادت محبت ہو تو اس کو عبادت جمالی کہتے ہیں، جیسے حج کی عبادت، اس میں محبت کے سوا اور کیا چیز ہے؟ اسی طرح صوم بھی عبادت جمالی ہے کہ محبوب کے کہنے پر ہی تو کھانا پینا اور جماع کو چھوڑا کہ یہ تمام علائق دنیا ہیں۔ زن و زر یہ تمام مصائب ہی تو ہیں اور خدا سے روکنے والی چیزیں ہیں۔

تفصیل جمال و کمال :

محب پر محبوب کا ایک حق ہوتا ہے اور محب محبوب کا پر تو ہوتا ہے۔ صوم رمضان بھی عبادت جمالی ہے کہ علائق دنیا سے کلیۃً لاتعلق ہو گئے۔

محبوب بھی نہ کھاتا ہے، نہ پیتا ہے، نہ خواہشات کا اتباع کرتا ہے، محب نے بھی یہ سب کچھ کیا۔ پھر محب کی طبیعت محبوب کے گھر جانے کی طرف مائل ہوئی تو ایک لمبا سفر بحر، بر، دشت و دریا کاٹے کر کے جاتے ہیں۔

وعدہ وصل چوں شود نزدیک

آتش عشق تیز تر گردد

جیسے جیسے ملاقات کا وقت قریب آتا جاتا ہے تو عشق و محبت کی آگ بھی تیز ہوتی جارہی ہے۔

پھر سلے ہوئے کپڑے اتار دیتے ہیں اور چادریں جو میت کے کفن سے مشابہ ہوتی ہیں، پہن لیتے ہیں۔ گویا اب محبوب کے لیے زندگی سے بھی لاتعلق ہو گئے اور پھر لبیک کہہ کر تمام توجہات محبوب کی طرف کر لیتا ہے۔ جب بیت اللہ کا دیدار کرتا ہے تو وصال کی خوشی برداشت نہ کرتے ہوئے بلبلاتا ہے، تلملا اٹھتا ہے اور مسجد حرام میں جا کر محبوب کے گھر کے ارد گرد متحیر ہو کر پھرتا ہے۔ کمال قال الشاعر:

امر علی الدیار دیار لیلی--- اقبل ذالجد اور ذالجد

فما شغفن حب الدیار قلبی--- ولکن من سکن الدیار

میں جب لیلیٰ کے مکانوں کے قریب سے گزرتا ہوں تو کبھی اس دیوار کو بوسہ دیتا ہوں اور کبھی اس دیوار کو بوسہ دیتا ہوں۔ میری محبت کا یہ حال ان مکانوں کی وجہ سے نہیں، بلکہ ان مکانوں میں رہنے والوں کی وجہ سے ہے۔

حج دیوانگی سے قبول ہوتا ہے فرزانگی سے نہیں :

حج دیوانگی سے قبول ہوتا ہے فرزانگی سے نہیں۔ حج میں انسان تلاش کرتا ہے کہ محبوب کہاں ہے؟ حج کی عبادت میں ہی محبت ہے اور محبت پیدا ہوتی ہے کمال سے، احسان سے اور اس کے لیے عبادات جمالی ہیں۔

دوم عبادات جلالی :

عبادت جلالی میں نفع کی امید ہوتی ہے، ضرر کا خوف ہوتا ہے، عبادت جلالی کے بارے میں کہا گیا :

ہو النافع الضار۔

جیسے کہ نماز اور زکوٰۃ، یہ دونوں جلالی ہیں۔ اگر یہ عبادت نہ کرے تو عذاب ہے، اگر کرے تو ثواب ہے اس عبادت کا سبب محبوب کی عظمت اور اس کا جلال ہے۔

سورۃ الفاتحہ میں ذکر جمال و کمال :

الحمدللہ میں کمال کا ذکر کیا اور رب العالمین ۔ الرحمن الرحیم میں جمالیات کا ذکر اور احسانات کا ذکر فرمایا۔ احسان و کمال کی وجہ سے محبت پیدا ہوتی ہے ۔ یہی محبت سبب ہے عبادت کا اور عبادت میں تکاسل و تغافل یعنی سستی اور غفلت کا خطرہ تھا تو مالک یوم الدین کہہ کر متنبہ کر دیا۔

یوم الدین--- بعمنی روز جزاء--- دان یدین۔

بدلہ دینا جزاء دینا کما قال الحماسہ :

فدناهم كما دانوا۔

ہم نے ان کو ویسا ہی بدلہ دیا جیسے انہوں نے دیا تھا۔

اسی وجہ سے مالک یوم الحشر کے بجائے مالک یوم الدین کہا اور اس کا ذکر اس لئے فرمایا کہ آخرت میں اللہ اچھے کام کی جزاء اور برے کام کی سزا بھی دے گا۔

اور اس جزاء و سزا کا سبب مالک یوم الدین ہونا ہے۔

یہاں تک سورۃ الفاتحہ میں تمہیدات تھیں جن سے معلوم ہوا کہ اب سوائے خدائے عز و جل کے اور کوئی محبوب و معبود اور مقصود و مسجود نہیں ہے ۔ ان تمہیدات میں چونکہ محبوب و معبود کی ذات کا بظاہر تعین نہ کیا جا رہا تھا، لہذا غائب کے صیغے استعمال کیے

گئے اور اب تعین ہو چکا ہے۔ اب حاضر کے صیغے استعمال کیے جا رہے ہیں اور فرمایا:

اِیَّاکَ نَعبُدُ وَاِیَّاکَ نَستَعِینُ

ایاک مفعول بہ مقدم ہے۔
نعبدک

یہاں صرف یہ مفہوم ہوتا ہے کہ ہم تیری عبادت کرتے ہیں اور تجھ سے مدد مانگتے ہیں تونعبدک ونستعینک ہونا چاہیے تھا، لیکن ایاک نعبد تقدیم ما حقہ التاخیر یفید الحصر والاختصاص کہ ہم خاص تیری ہی عبادت کرتے ہیں تو یہاں حصر فی العبادت مقصود ہے اور وَاِیَّاکَ نَستَعِینُ میں حصر فی الاستعانت مراد ہے۔

اقسام عبادت :

انسان کے ہر عضو کی عبادت ہوتی ہے، کبھی زبان سے جیسے تسبیح اور کلمات الخیر اور کبھی آنکھ سے جیسے نظائر قدرت اللہ جیسے فرمایا :
افلا ینظرون الی الابل کیف خلقت۔

کیا یہ لوگ دیکھتے نہیں اونٹ کی طرف کہ کیسے پیدا کیا گیا؟ (الغاشیہ : 17)

کہ دیکھنے سے آپ کو سبق ملے گا۔ اسی طرح عبادت السمع کلام اللہ کا سننا ہے، ہاتھوں اور پاؤں کی عبادت جہاد میں جانا، مسجد کی طرف جانا اور ہاتھ سے قرآن کی تفسیر لکھنی وغیرہ۔

الغرض تمام قوی ظاہری و باطنی کو اللہ کی رضا میں استعمال کریں تو یہ عبادت ہے۔

فرقہ قدریہ و جبریہ اور مسلک اہلسنت والجماعت :

وَاِيَّاكَ نَستَعِينُ۔ سے رد ہے دو فرقوں جبریہ و قدریہ پر۔

جبریہ فرقہ جو انسان کو مجبور محض کہتا ہے، اس کے نزدیک انسان کا ہے کہ وہ خود کوئی حرکت نہیں کرتا جب تک کہ دوسرا حرکت نہ دے۔

قدریہ وہ فرقہ ہے کہ ان کے نزدیک انسان اپنے افعال خود کرتا ہے اور ان پر قادر ہے۔ وہ اپنے افعال کا خالق بھی ہے۔

اہل سنت والجماعت کا عقیدہ ان کے درمیان میں ہے اور افراط و تفریط سے پاک ہے کہ انسان کو ایک حد تک اختیار ہے۔ جبریہ کے عقیدہ کے مطابق انسان عبادات کے ساتھ مکلف نہیں ہوگا۔ کیونکہ مکلف کو تکلیف دی جاتی ہے امور اختیاریہ میں، لیکن امور اضطراریہ میں تکلیف دینا ممکن نہیں، کحرکۃ المرتعش یعنی جس آدمی پر رعشہ

طاری ہو جائے اور اس کے ہاتھ ہر وقت ہلتے ہیں۔ اب اس کو یہ کہنا کہ ہاتھ ہلاؤ یا ہاتھ نہ ہلاؤ دونوں باتیں بے کار ہیں۔ اسی طرح جبریہ کا جب یہ عقیدہ ہے کہ انسان مجبور محض ہے تو پھر اس کو احکام کا پابند کرنا اور منہیات سے روکنا بے معنی ہے۔ ان کا عقیدہ اختیار کی مکمل تردید کرتا ہے۔ ان کے عقیدے سے انسان سے امور تکلیفیہ سلب ہو جاتے ہیں، لہذا جبریہ کی ایکا نعبد سے تردید کی گئی ہے کہ ہم خاص تیری ہی عبادت کرتے ہیں۔ جبریہ سے سوال کریں کہ عبادت کرنے کا کیا فائدہ، جب ثواب نہیں۔ معلوم ہوا کہ جبریہ کا عقیدہ باطل ہے۔ اہل سنت والجماعت کے عقیدہ کے مطابق انسان ایسا با اختیار بھی نہیں کہ خود ہی قادر بن جائے۔ لہذا ہم اپنے اختیار کے ساتھ عبادت کرتے ہیں۔ لیکن استعانت اللہ کی ہوتی ہے۔ استعانت سے مراد یہ ہے کہ اللہ نے تندرستی دی اور اعضاء دیے، جھکنے کو اور جوڑوں کو موڑنے کی صلاحیت دی تو ایاک نستعین فرما کر قدریہ پر رد فرمایا سو انسان قادر ہے، لیکن اختیار کی حد تک۔

استعانت کا معنی کیا ہے؟

استعانت کا معنی ہے طلب العون (مدد طلب کرنا) بعض صوفیا کہتے ہیں استعانت مشتق ہے عین سے (باب یائی ہے) یعنی مراد مشاہدہ ہے کہ ہم مطالبہ کرتے ہیں مشاہدہ کا یعنی درخواست ہے کہ ہم آنکھوں سے آپ کو دیکھ لیں، لیکن یہ محض تکلف ہے۔ معنی اول راجح و معتبر ہے۔

مدد کس سے مانگی جائے :

اگر استعانت ماتحت الاسباب غیر اللہ سے ہو، لیکن اس کا رجوع اللہ کی طرف ہو تو یہ جائز ہے اور اگر استعانت ماتحت الاسباب محض غیر اللہ سے طلب کر رہا ہے تو یہ ناجائز ہے ۔ اسی طرح اگر کوئی کسی سے مدد مانگے اور اس بات کا یقین رکھتا ہو کہ یہ مدد بتوفیق اللہ ہے یعنی استعانت غیر مستقلہ ہو اور مرجع اللہ ہی ہو تو یہ جائز ہے ، لیکن استعانت خاصہ و ذاتی صرف اللہ کے ساتھ خاص ہے ۔ اس وجہ سے ایاک نعبد پر ہی نستعین کا عطف کرتے تو کام بن جاتا، لیکن نستعین کے ساتھ بھی ایاک لگایا تاکہ واضح ہو کہ مدد صرف اللہ ہی سے مانگی جا سکتی ہے ۔

اِهدنا الصِّرَاطَ المُستَقِيمَ

مومن صراط مستقیم پر ہی ہوتا ہے پھر صراط مستقیم مانگنے کا کیا فائدہ ؟

صراط مستقیم کی استقامت پر نظر ڈالیں تو اس کو کئی حیثیتوں سے صراط مستقیم کہا جاتا ہے۔

اول :

الصِّرَاطَ المُستَقِيمَ ای الطریق القصیر

(چھوٹا راستہ) ایسا چھوٹا راستہ جو منزل پر جلدی پہنچا دے لہذا استقامت باعتبار الطول والعرض ہے۔

دوم :

الصِّرَاطَ المُستَقِيمَ ای الطریق المستوی

(برابر راستہ) کوئی چیز حائل نہیں۔ کانٹے نہیں، کوئی تکلیف دہ چیز نہیں ہے۔

سوم :

الصِّرَاطَ المُستَقِيمَ ای الطریق المامون۔

(محفوظ راستہ) یعنی چور ڈاکو اور راہزن نہیں ہیں، درندہ وغیرہ نہیں ہیں، اب یہاں گزشتہ اشکال کہ مومن پہلے ہی سیدھے راستہ پر ہے، پھر یہ صراط مستقیم کیوں مانگتا ہے۔ اس کا جواب بھی ہوگیا کہ اگر وہ صراط مستقیم یعنی چھوٹے راستہ پر ہے تو صاف راستہ مانگ رہا ہے اگر صاف راستہ پر ہے تو محفوظ راستہ مانگ رہا ہے۔ لہذا تحصیل حاصل نہ رہا اور یہاں صراط مستقیم دنیوی مراد ہے اخروی مراد نہیں۔ کیونکہ اس کے بارے میں یہ تفصیل نہیں ہے وہاں در بند ہوگا یا کھلا ہوگا۔

استقامت کی تفصیل :

استقامت تین چیزوں میں ہے۔

(1) فی الاقوال (2) فی الافعال (3) فی الاحوال

ایک آدمی کو ایک اعتبار سے تو استقامت حاصل ہے یعنی اقوال میں، لیکن اپنے افعال میں کچھ کمزور ہے تو اس کی طلب کر رہا ہے اگر اس میں بھی صحیح ہے تو فی الاحوال کی طلب کر رہا ہے، لہذا تحصیل حاصل نہ ہوا۔

اصل استقامت کیا ہے؟

الاعتدال بین الافراط والتفریط۔

ایسا اعتدال اور میانہ روی کہ اس میں حد سے بڑھنا بھی نہ ہو اور گھٹنا بھی نہ ہو، یہی خاصہ ہے دین اسلام کا۔

اللہ تعالیٰ نے ہر انسان میں تین قوتیں ودیعت فرمائی ہیں۔ (1) قوت عقلیہ (2) قوت شہویہ (چاہتوں والی قوت) (3) قوت غضبیہ (دفاعی قوت)۔ قوت عقلیہ کے ذریعہ انسان چیزوں کی حکمتیں معلوم کر سکتا ہے اور اللہ تعالیٰ نے جگہ جگہ غور و فکر کی دعوت دی ہے جیسا کہ ارشاد ہے:

افلا ینظرون الی الابل کیف خلقت۔

کیا وہ لوگ دیکھتے نہیں ہیں اونٹ کی طرف کہ کیسے پیدا کیا گیا؟ (الغاشیہ) لیکن اگر کوئی شخص رات دن فقط سوچتا ہی رہے اور تمام چیزوں کو بھول جائے تو یہ ناجائز ہوگا۔

(2) اسی طرح قوت شہویہ کا استعمال جائز طریقے سے ہو تو ٹھیک ہے اور اگر کوئی اپنی چاہتوں کو پورا کرنے کے لیے جائز و ناجائز کی تمیز و تفریق نہ کرتے تو یہ بھی استقامت کے خلاف افراط و تفریط ہوگی۔

(3) اسی طرح اگر کوئی شخص ہر وقت غصہ میں مشتعل رہتا ہے اور جلدی سے کوئی بھی قدم اٹھاتا ہے تو یہ تہور ہے۔ یہ منع ہے اور اگر کوئی شخص ایسا ہے کہ اس کو کبھی غصہ

ہی نہیں آتا تو یہ جبن یعنی بزدلی ہے اور اللہ کے رسول نے بزدلی سے اللہ کی پناہ مانگی ہے، فرمایا:

اللھم انی اعوذ بک من الجبن۔

(اے اللہ میں تیری پناہ میں آتا ہوں بزدلی سے)۔

الغرض قوت غضبیہ کے استعمال کے یہ دونوں طریقے افراط و تفریط پر مبنی اور استقامت و اعتدال کے خلاف ہیں۔ اعتدال یہ ہے کہ قوت غضبیہ کا استعمال انسان سوچ سمجھ کر کرے۔

عبادات میں اعتدال کا حکم:

حضرت عبداللہ بن عمر و نوجوان تھے۔ ان کے والد حضرت عمرو بن عاص بہت ماہر سیاست دان تھے، تمام عرب پر ان کی دھاک بیٹھی ہوئی تھی۔ حضرت معاویہ کو بھی ان کی وجہ سے کامیابی ہوئی تھی۔ انہوں نے اپنے بیٹے عبداللہ کی شادی کرا دی۔ کئی دنوں کے بعد بہو سے پوچھا کہ آپ نے میرے بیٹے کو کیسے پایا۔ وہ کہنے لگی رات کو نوافل میں قرآن کریم پڑھتا ہے، دن کو روزہ رکھتا ہے، بڑا نیک ہے تو حضرت عمرو سمجھ گئے کہ بہو کی حق تلفی ہو رہی ہے کسی ذریعہ سے حضور اکرم کو اطلاع کر دی۔ حضور نے حضرت عبداللہ کو بلوا کر پوچھا کہ کتنا پڑھتے ہو تو کہنے لگے، سارا قرآن، تو حضور نے

سمجھا بجھا کر بڑی مشکل سے ایک رات میں ایک منزل پر راضی کرلیا کہ سات راتوں میں قرآن کریم مکمل ہوا کرے گا اور روزوں کے متعلق فرمایا کہ مہینہ میں تین روزے رکھو۔

فقال انی اطیق اکثر من ذلک۔

یعنی میں اس سے زیادہ کی طاقت رکھتا ہوں تو حضور نے فرمایا کہ چلو ایک دن روزہ رکھو اور ایک دن بغیر روزہ کے رہو یعنی صوم داوٗدی پر راضی کرلیا تو استقامت و اعتدال کے پیش نظر عبداللہ کو عبادت چھوڑنے پر مجبور فرمایا۔ ان کی قبر قاہرہ میں ہے، میں نے زیارت کی ہے۔ جب یہ ضعیف ہو گئے تو فرماتے کہ حضور کا مشورہ قبول کرتا تو اچھا تھا۔ کیونکہ اب وہ نصاب پورا کرنے کی طاقت نہیں رہی، عبادت اگرچہ کم نہیں کی، لیکن مشورہ قبول کرنے کی، تمنی فرمائی، لہذا ایسے اعمال شاقہ جو انسانی طاقت سے باہر ہوں، یہ بھی استقامت کے خلاف ہے لہذا صراط مستقیم سے مراد استقامت ہے۔

صِرَاطَ الَّذِينَ أَنعَمتَ عَلَيهِم

رجال کار کو حجت بنانا :

یہاں صراط مستقیم کا تعارف کرایا گیا رجال کار سے۔ گویا اصلاح کے لیے نظریاتی طور پر رجال کار درکار ہیں جن سے انکار نہیں کیا جا سکتا۔ بعض لوگ کہتے ہیں کہ یہ شخصیت پرستی ہے اور صحابہ کرام کے اقوال کا انکار کرتے ہیں۔ ان کو بطور حجت تسلیم نہیں کرتے۔ رجال کار کو درمیان سے نکال لینے کے بعد کوئی کام نہیں کیا جا سکتا، لہذا یہاں صراط مستقیم قرآن و حدیث کو نہیں کہا، بلکہ بتایا گیا کہ اگر صراط مستقیم درکار ہے تو اس سے پہلے رجال کار تلاش کرو۔

منعمین کون ہیں ؟

چنانچہ القرآن يفسر بعضه بعضا۔

یعنی قرآن کریم ہی کے بعض حصے دوسرے بعض حصوں کی تفسیر و تشریح کرتے ہیں تو یہ منعمین یعنی انعام یافتہ لوگ ہمیں قرآن ہی میں مل گئے۔

ارشاد باری تعالیٰ ہے :

ومن یطع اللہ والرسول فاولئک مع الذین انعم اللہ علیھم من النبیین والصدیقین والشھدائ والصلحین وحسن اولئک رفیقا۔ (النساء: 69)

اور جو حکم مانے اللہ اور اس کے رسول کا پس وہی لوگ ہوں گے ان کے ساتھ انعام کیا اللہ نے جن پر نبیوں اور صدیقوں اور شہدا اور صالح لوگوں میں سے اور یہ لوگ اچھے رفیق ہیں۔

تعارف نبیین :

النبی انسان بعثہ اللہ تعالیٰ لتبلیغ احکامہ۔

یعنی نبی وہ انسان ہے جس کو اللہ تعالیٰ نے اپنے احکام لوگوں تک پہچانے کے لئیے مبعوث فرمایا ہو۔ نبی کی حفاظت اللہ تعالیٰ فرماتے ہیں وہ محفوظ ہوتا ہے۔ من الخطاء و المعاصی۔ (غلطی اور گناہوں سے) چنانچہ جن احادیث و آیات میں پیغمبروں کی کچھ خطاؤں کا ذکر ہے۔ محدثین و مفسرین نے ان کی اطمینان بخش تاویلات کی ہیں کہ اصل

میں وہ گناہ نہیں ہوتا بلکہ خلاف اولی بات ہوتی ہے۔ جس پر حسنات الابرار سیات المقربین کے اصول کے تحت گناہ کا اطلاق لفظا کیا گیا، لہذا جب انبیاء علیہم السلام گناہوں سے معصوم و محفوظ ہیں تو ان کا راستہ انعام والا راستہ ہوگا۔

انبیاء علیہم السلام سے متعلق مودودی صاحب کا قول :

مولانا ابوالاعلی مودودی انبیاء علیہم السلام کے متعلق لکھتے ہیں :

بسا اوقات اللہ تعالیٰ پیغمبروں سے حفاظت اٹھا کر گناہ کراتا ہے تاکہ یہ معلوم ہو جائے کہ وہ بشر ہیں، خدا نہیں ہیں، گویا خدا اپنی خدائی کو بچانے کے لیے ان سے غلطی کراتا ہے تاکہ معلوم ہو جائے کہ ان میں عملی کمزوریاں ہیں، یہ خدا نہیں ہیں۔

لیکن پیغمبروں کو خدا سے الگ کرنے کے لیے یہ دلیل بہت ہی کمزور ہے۔ انبیاء کو اللہ تعالیٰ سے الگ ثابت کرنے کے لیے اور بہت سے دلائل موجود ہیں جیسا کہ ارشاد ہے :

وقالوا مال ھذا الرسول یا کل الطعام ویمشی فی الاسواق لو لا انزل الیہ ملک فیکون معہ نذیرا۔

وہ کہتے ہیں کہ کیا ہوا اس رسول کو کہ کھاتا ہے کھانا اور چلتا ہے بازاروں میں، کیوں نہ اتارا گیا اس کی طرف کوئی فرشتہ کہ وہ ہوتا اس کے ہمراہ ڈرانے والا۔ (الفرقان : 7)

اسی طرح حضرت عیسیٰ اور حضرت مریم صدیقہ کے متعلق ارشاد فرمایا:

ما المسیح ابن مریم الا رسول، قد خلت من قبلہ الرسول، وامہ صدیقۃ کانا یاکلن الطعام۔

نہیں ہے مسیح ابن مریم، مگر ایک رسول۔ تحقیق گزر چکے ہیں اس سے پہلے بہت رسول اور اس کی والدہ حق کی تصدیق کرنے والی تھی، وہ دونوں کھاتے تھے کھانا۔

(المائدہ: 75)

حضرات انبیاء علیھم السلام جب کھاتے پیتے تھے اور بازاروں میں چلتے پھرتے تھے تو الوہیت کی نفی کے لیے یہی باتیں کافی ہیں۔ پھر اللہ تعالیٰ کا ارشاد ہے کہ لم یلد ولم یولد یعنی نہ تو اللہ تعالیٰ سے کوئی پیدا ہوا اور نہ وہ کسی سے پیدا ہوا۔ حضرات انبیاء (علیھم السلام) کے ہاں توالد و تناسل کا سلسلہ جاری رہتا تھا، لہذا وہ خدا نہیں ہو سکتے۔ الوہیت کی نفی کے لیے یہ باتیں کافی شافی ہیں اور پیغمبروں کی غلطیوں کا جواز پیدا کرنا کسی طرح درست نہیں ہے ورنہ پورے دین پر سے اعتماد اٹھ جائے گا اور ہر کس و ناکس نبی کی غلطی کو اپنے لیے سہارا بنائے گا۔ اگر کوئی خطا ہوئی ہے تو اجتہادی خطا ہوئی ہے جس میں دوام نہیں ہوتا۔ جیسے اساری بدر کو فدیہ لے کر چھوڑ دیا گیا تو حضور پاک کو بتلایا گیا کہ منشا خداوندی کے خلاف ہوا ہے تاکہ آئندہ اعتماد قائم رہے۔

انبیاء علیہم السلام کا استغفار کرنا :

رہی یہ بات کہ حضورﷺ استغفار فرماتے تھے جیساکہ صحیح احادیث سے ثابت ہے تو استغفار ہمیشہ گناہ کا نتیجہ نہیں ہوا کرتا، بلکہ رفع درجات اور اظہار بندگی کے لیے بھی ہوتا ہے جیساکہ حضور دعا فرماتے تھے :

اللھم باعد بینی وبین خطایای کما باعدت بین المشرق و المغرب (مشکوۃ)

اے اللہ مجھ میں اور گناہوں وخطاؤں میں ایسا فاصلہ رکھیے جیساکہ آپ نے مشرق و مغرب میں فاصلہ رکھا ہے۔

بہرحال حضرات انبیاء پر اللہ تعالیٰ نے ستر ڈال کر ان کو گناہوں سے معصوم و محفوظ کر لیا ہے نیز حسنات الابرار سیات المقربین (نیک لوگوں کی خوبیاں قریبی لوگوں کی خامیاں ہیں) کے اصول کے پیش نظر استغفار غیر اولی بات کی وجہ سے بھی کیا جا سکتا ہے۔

تعارف صدیقین :

یہ وہ جماعت ہے کہ ان کے پاس نظری قوت ایسی ہوتی ہے جیسے انبیاء کی ہوتی ہے کہ طبعاو عملاً معاصی سے بچے رہتے ہیں جیسے صدیق اکبر سے قبل بھی عبادت اصنام سے بچے رہے تھے ، ایسا ہی انبیاء (علیہم السلام) نبوت ملنے سے پہلے طبعا گناہوں سے بچے رہتے ہیں تو صدیق اگرچہ مبعوث تو نہیں ہوتے لیکن قوت نظری ان کی بہت قوی ہوتی ہے ۔ چنانچہ حضرت صدیق اکبر کا مزاج بالکل حضور ﷺ کے مزاج شریف جیسا تھا۔ غار حرا سے جب حضور ﷺ واپس آئے اور نزول وحی کی ابتدا ہوگئی ، آپ نے گھر میں آکر حضرت خدیجہ سے فرمایا کہ ولقد خشیت علی نفسی (یعنی مجھے اپنی جان کا اندیشہ ہوا ہے) تو حضرت خدیجہ نے فرمایا کلا لا یخزیک اللہ الخ، اس کی تفصیل مقدمہ میں گزر چکی ہے ۔ جب حضرت صدیق اکبر لوگوں سے تنگ آکر باہر جانے لگے تو ابن الدغنہ نے آپ کے وہی خصائل بیان کیے جو حضرت خدیجہ نے حضور کے بیان فرمائے تھے ۔ گویا صدیق اکبر میں وہی خصائل تھے جو حضور اکرم میں تھے اور صدیق اکبر کا وہی مزاج تھا جو نبی کا تھا۔ یہ صدیق قیامت تک ہوں گے ، بہت سے صحابہ اپنی نظری قوت کی وجہ سے اصنام پرستی سے بچ گئے ۔ جیسے حضرت علی وغیرہ۔

تعارف شہداء :

ان حضرات کی قوت عملیہ مضبوط ہوتی ہے ، یہ لوگ دین اسلام کی سربلندی کے لیے جان کی بازی لگا دیتے ہیں ۔

تعارف صالحین :

ان کی نظری و عملی دونوں قوتیں مضبوط ہوتی ہیں اور یہ دین کی اتباع کی وجہ سے محفوظ رہتے ہیں ۔ یہ چاروں مصداق ہوئے منعم علیھم اور انعام یافتہ لوگوں کے ۔ حقیقت میں یہی لوگ انعام یافتہ ہیں ۔ یہود اور نصاریٰ نے اگرچہ اس طرح بہت سے دعوے کیے ، لیکن ان کی بات صرف دعوے کی حد تک تھی ۔ موسیٰ کے دین کے ساتھ نصاریٰ نے اور حضرت عیسیٰ کے دین کے ساتھ یہودیوں نے جو کچھ کیا کسی نے نہیں کیا :

غَيرِ المَغضُوبِ عَلَيہِم وَلَا الضَّالِّينَ

مغضوب علیہم اورضالین کوخارج کردیا، اس طور پر کہ یہ معطوف و معطوف علیہ بدل ہےالذین انعمت علیہم سے انعام یافتہ لوگ نہ تومغضوب علیہم ہیں اور نہ ہی ضالین، یعنی گمراہ ہیں۔ بعض لوگ اس کا ترجمہ کرتے ہیں نہ راستہ ان لوگوں کا جو مضغوب علیہم ہیں اور گمراہ ہیں، لیکن یہ ترجمہ غلط ہے۔ کیونکہ اس سے بدل کا مفہوم ادانہیں ہوتا۔ صحیح ترجمہ یہ ہے : راستہ ان لوگوں کا کہ انعام کیا تونے ان پر کہ نہ وہ مغضوب علیہم ہیں اور نہ گمراہ ہیں۔

المَغضُوبِ عَلَيہِم اورالضَّالِّينَ کا مصداق :

مغضوب علیہم سے مرادیہوداورضالین سے مراد نصاریٰ ہیں۔ آج کل کے علمائے سوء بھی مغضوب علیہم میں شامل ہیں کیونکہ علمائے یہود میں یہ چند خصلتیں تھیں :

الذین اتینهم الکتب یعرفونہ کما یعرفون ابنائهم، وان فریقا منهم لیکتمون الحق وهم یعلمون۔ (البقرہ: 146)

وہ لوگ جنہوں نے دی تھی ہم نے کتاب وہ اس رسول کو پہچانتے ہیں جیسے وہ پہچانتے ہیں اپنے بیٹوں کو اور بیشک کچھ لوگ ان میں سے چھپاتے ہیں حق بات کو اور حالانکہ وہ جانتے ہیں۔

یہ لوگ حضور کو اور حق کو جانتے ہوئے غلط فتوے دیتے تھے اور حق بات کو چھپا لیتے تھے، ایک اور جگہ اللہ تعالیٰ نے ارشاد فرمایا:

ولقد علموا لمن شترہ مالہ فی الاخرۃ من خلاق۔

اور خوب جانتے تھے کہ کہ جس نے مول لیا وہ (جادو) نہیں ہے اس کے لیے آخرت میں کچھ حصہ (البقرہ: 102)

ایک اور جگہ ارشاد ہے:

ولا تلبسوا الحق بالباطل و تکتموا الحق وانتم تعلمون۔

اور نہ ملاؤ سچ میں جھوٹ اور نہ چھپاؤ سچی بات جان بوجھ کر جبکہ تم جانتے ہو۔ (البقرہ: 42)

معلوم ہوا کہ یہود سچ اور جھوٹ بھی ملاتے تھے اور حق بات کو جان بوجھ کر چھپا لیتے تھے یعنی یہ خوب جانتے تھے کہ یہ فتوے بیچنا آخرت اور خیر و ایمان کے بدلے ہیں۔ آج کل بھی علمائے سوء خیر اور ایمان کے تقاضوں کے خلاف قرآن و حدیث پڑھ کر لوگوں کو صرف ذاتی مفاد کی خاطر غلط راستوں پر ڈالتے ہیں۔ بہت سے مفتی دارالافتاء کھولے ہوئے ہیں وہ اس کو ظالم حاکم کو امیر المومنین (ان دنوں ضیاء الحق حکومت پر قابض تھے) کا لقب دیتے تھے۔ خدا کے بندوں کیا یہ اولی الامر منکم کا مصداق ہے اور کیا اسے ولایت عامہ حاصل ہے؟ یہ لوگ یہ کام صرف چند ٹکوں کی خاطر کرتے ہیں ایمان اور خیر کو بیچ کر ذلیل ہو کر قرآن و حدیث بیچ دیتے ہیں، حالانکہ ارشاد باری تعالیٰ ہے۔

ولا ترکنوا الی الذین ظلموا فتمسکم النار۔

ظالموں کی طرف ذرا برابر میلان بھی نہ کرنا، ورنہ آگ تمہیں پکڑ لے گی۔
اللہ تعالیٰ نے تو ادنی میلان کو بھی منع فرمایا ہے، لیکن ان لوگوں کے ایمان کمزور ہیں۔ یہ متشابہات میں سے آیات نکالتے ہیں پھر ان سے غلط مفہوم مراد لیتے ہیں۔ کیا انہیں اللہ تعالیٰ کی رزاقیت پر ایمان نہیں ہے۔ ان علماء سوء کا کوئی مقام نہیں ہے، لہذا جب

تم اِهدنَا الصِّرَاطَ المُستَقِيمَ پڑھو تو مغضوب علیھم کے مفہوم میں اس زمانہ کے ان لوگوں کو بھی شامل کرو۔

الضَّآلِّینَ:

ضَّآلِّینَ سے مراد اگرچہ نصاریٰ ہیں، لیکن اس زمانہ کے جاہل مشائخ بھی ان میں شامل ہی، کوشش کیجیے کہ ان سے بھی کسی طرح نجات حاصل ہو جائے۔ ایسے مشائخ کی وجہ سے لوگوں کے عقائد مسخ ہوئے ہیں، اہل قبو کو تصرف کرنے والا جانتے ہیں، وہ صریح فتویٰ اگرچہ نہیں دے سکتے، ورنہ ان کا عقیدہ یہی ہے۔ اسی طرح کا عقیدہ نصاریٰ کا تھا، ان سے بھی نجات ملنی چاہیے، مغضوب علیھم عمل میں خطا کرتے تھے اور نصاریٰ جو کہ ضالین ہیں فساد عقیدہ رکھتے تھے، مغضوب علیھم اندر سے جانتے ہوئے غلط فتویٰ دیتے تھے اور ضالین جیسے بعض مشائخ نے لوگوں کے عقائد بگاڑ دیے۔ دعا کے وقت ان کو بھی یاد رکھا کریں یعنی ایسے فتنوں سے بچنے کی دعا کرنی چاہیے۔

سورۃ الفاتحہ کا خلاصہ

سورۃ فاتحہ پورے قرآن کریم کا خلاصہ ہے، قرآن کریم میں ایک تو توحید ہے کہ صرف اللہ تعالیٰ عبادت کے لائق ہے، یہ پورا مضمون فاتحہ میں آگیا، رسالت کا بھی ذکر ہے کہ رسول کی بھی اتباع کرو اور رسول کے متبعین کی بھی اتباع کرو۔ اس میں قیامت کا بھی ذکر ہے۔ گویا مبدا و معاد دونوں کا ذکر آگیا۔ مبدا خدا کی ذات ہے اور معاد قیامت ہے، ہدایت کے لیے مغضوب علیھم اور ضالین سے اپنے آپ کو جدا کرو تو اجمالا یہ تمام باتیں سورۃ فاتحہ میں آگئیں۔

***